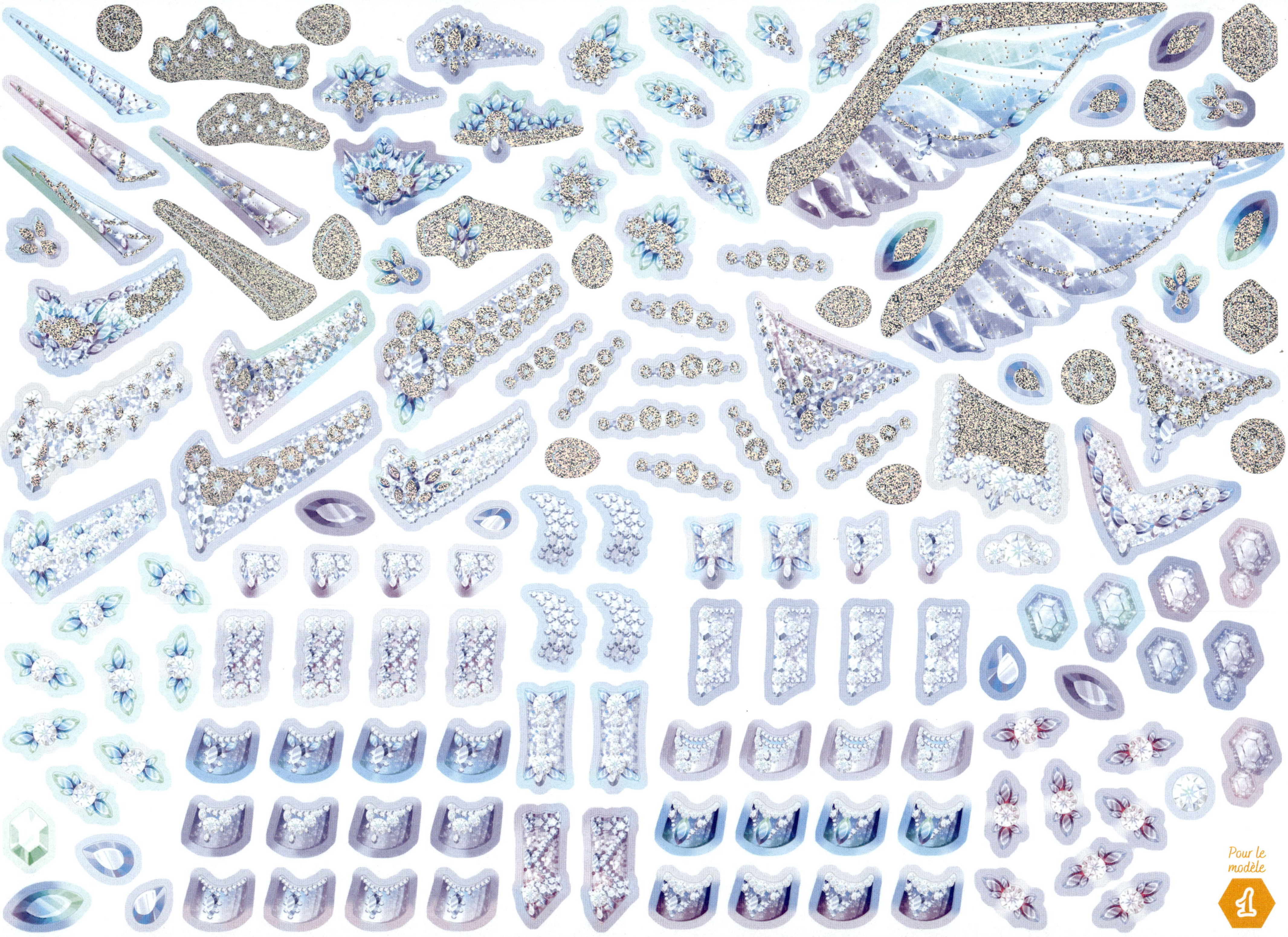

Pour le modèle 1

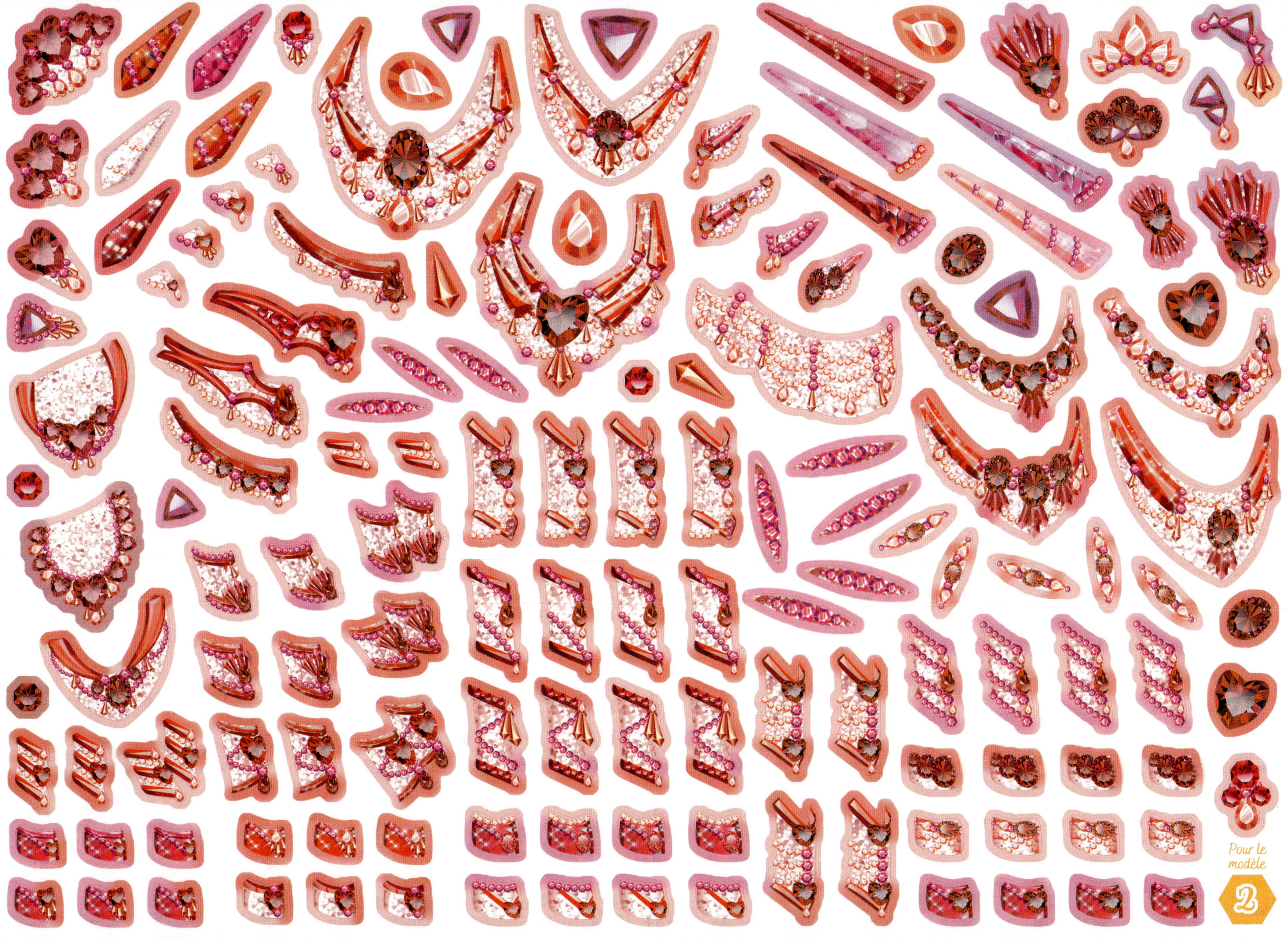
Pour le modèle
2

Pour le modèle
3

Pour le modèle

4

Pour le modèle

5

Planche de motifs
« précieux »
à découper pour t'inspirer

Ma boite
à BIJOUX

Ma boite
à BIJOUX

Magie des pierres précieuses

Les licornes des pierres précieuses sont empreintes de la puissance magique des gemmes de la Terre. Cette énergie formidable leur permet de faire pousser des joyaux scintillants et fabuleux.

Améthys

Habitat :
La vallée des pierres précieuses.

Alimentation :
Pluie d'or.

Pouvoirs :
De son souffle merveilleux, Améthys crée de magnifiques pierres précieuses multicolores.

Diamantine

Habitat :
La planète de diamant.

Alimentation :
Éclats de lumière.

Pouvoirs :
Lorsqu'elle déploie ses ailes, Diamantine produit de la poussière de diamant qui rend étincelant le ciel coloré.

Eméralda

Habitat :
La forêt d'émeraude.

Alimentation :
Sève d'arbres précieux.

Pouvoirs :
Eméralda peut, grâce à ses sabots, faire pousser de jolis joyaux d'émeraude. Elle est la gardienne protectrice de la forêt.

Amarante et Ruby

Habitat :
La caverne carmin.

Alimentation :
Minerais brillants.

Pouvoirs :
Grâce à sa corne très résistante, Amarante peut forger et tailler de magnifiques bijoux pour toutes les licornes de rêve. Ruby l'assiste dans son travail.

Licornes de saphir

Habitat :
Le lac cristallisé.

Alimentation :
Reflets d'aurore boréale.

Pouvoirs :
Avec leurs pouvoirs magiques, les licornes de saphir embellissent le lac d'éclats bleutés et brillants.

Diamantine
1

1

Amarante et Ruby 2

2

Améthys 3

3

3

3

Eméralda
4

5

MANDALA
à colorier

ACTIVITÉ
créative

Fabrique ta boîte à bijoux !

MATÉRIEL

• Une boîte à œufs en carton à couvercle plat (4, 6, 12 œufs selon la taille que tu souhaites) • de la peinture acrylique de la couleur de ton choix • des paillettes de la couleur de ton choix • un pinceau • une feuille de papier kraft • une étiquette disponible dans les pages motifs • tes plus beaux bijoux !

1 *Peins l'extérieur de la boîte à œufs sans oublier les recoins, afin de cacher totalement la couleur initiale de la boîte.*

2 *Avant que la peinture ne sèche, parsème la boîte de petites paillettes colorées.*

3 *Peins maintenant l'intérieur et mets-y aussi des paillettes.*

4 *Laisse bien sécher, puis découpe et colle ton étiquette préférée.*

5 *Pour habiller l'intérieur de la boîte, tu peux froisser des feuilles de papier kraft coloré et les placer à l'intérieur. Voilà, tu n'as plus qu'à y déposer tes bijoux les plus précieux !*

MANDALA
à colorier

CODE secret

Quel est ton code licorne ?

Savais-tu que les licornes possédaient un code secret ? Elles utilisent un alphabet magique qui leur permet de communiquer avec leurs meilleures amies.

Elles te dévoilent ici leur secret le plus précieux, afin que tu puisses l'utiliser pour coder tes propres messages.

A : ✿	H : ⊘	O : ★	V : ↑
B : ♡	I : ✕	P : ☮	W : ◎
C : △	J : »	Q : ◆	X : ●
D : ♂	K : ☀	R : ▟	Y : ‖
E : ▼	L : ♠	S : ⇢	Z : ✚
F : ♀	M : ↓	T : ☆	
G : ϟ	N : ✶	U : ♡	

Écris ton code secret :

Entraîne-toi à parler la langue magique des licornes, en écrivant ton prénom ci-dessous :

....

....

Tu peux aussi écrire des messages à tes ami(e)s.

....

....

....

....

....

....

QUIZ licorne

Quelle licorne es-tu ?

On dit de toi que tu es :

♥ Souriante et pétillante.
☆ Inspirante et unique.
♡ Courageuse et concentrée.
✿ Chaleureuse et attentive.
☀ Calme et curieuse.

Qu'est-ce que tu aimes le plus faire ?

☀ Rester chez toi à lire.
☆ Te balader dehors.
♡ Faire du sport.
✿ Jardiner ou cuisiner avec tes parents.
♥ Jouer avec tes amis.

Quelle est ta pierre précieuse préférée ?

☀ Le diamant.
✿ L'émeraude.
☆ L'améthyste.
♡ Le rubis.
♥ Le saphir.

Si tu étais une créature magique, laquelle serais-tu ?

✿ Un dragon.
☀ Une sorcière.
♡ Un phénix.
♥ Une fée.
☆ Une sirène.

Quel objet emportes-tu partout ?

♡ Ta boîte à bijoux.
☀ Ton livre du moment.
☆ Ton carnet secret.
♥ Ton jeu favori.
✿ Ta plante préférée.

Si tu pouvais voyager dans n'importe quel endroit magique, où irais-tu ?

☀ Dans un château enchanté.
✿ Dans une forêt mystique.
♡ Dans une caverne aux mille merveilles.
☆ Dans un jardin féerique.
♥ Dans un lac sans fond.

Quelle est ta couleur préférée parmi celles-ci ?

☆ Le violet.
☀ Le blanc.
♥ Le bleu.
✿ Le vert.
♡ Le rouge.

Si tu as plus de…

☀ … tu es Diamantine ! Tu es mature et réfléchie. Tu aimes apprendre et comprendre le monde qui t'entoure. Tu es calme, mais tu es en réalité aussi étincelante qu'un diamant !

☆ … tu es Améthys ! Tu es très créative et originale ! Tu as toujours de nouvelles idées incroyables et tu es vraiment unique : il n'en existe pas deux comme toi !

♡ … tu es Amarante ou Ruby ! Tu es extrêmement passionnée et rigoureuse. Tu es très motivée et tu n'abandonnes jamais quand tu as décidé de faire quelque chose !

✿ … tu es Eméralda ! Tu es très douce et généreuse. Tu aimes prendre soin des autres et tes amis se reposent constamment sur toi, car tout le monde sait que l'on peut te faire confiance !

♥ … tu es une licorne de saphir ! Tu es très énergique et joueuse. Tu es toujours de bonne humeur, tu donnes le sourire à tes proches et on ne s'ennuie jamais avec toi !